图解铁路工程施工安全 13

图解铁路轨道材料作业与运输安全

杜以军　编著

中国铁道出版社
2012年·北京

图书在版编目(CIP)数据

图解铁路轨道材料作业与运输安全/杜以军编著
北京:中国铁道出版社,2012.10
(图解铁路工程施工安全系列丛书/黄守刚主编)
ISBN 978-7-113-14652-8

Ⅰ.①图… Ⅱ.①杜… Ⅲ.①轨道(铁路)—工程材料—工程施工—安全技术—图解 Ⅳ.①U214-64

中国版本图书馆 CIP 数据核字(2012)第 089672 号

书　　名:图解铁路工程施工安全
图解铁路轨道材料作业与运输安全
作　　者:杜以军

策划编辑:许士杰
责任编辑:许士杰　　编辑部电话:(010) 51873204　　电子信箱:syxu99@163.com
版式设计:纪　潇
责任印制:陆　宁

出版发行:中国铁道出版社(100054,北京市西城区右安门西街 8 号)
网　　址:http://www.tdpress.com
印　　刷:中国铁道出版社印刷厂
版　　本:2012 年 11 月第 1 版　2012 年 11 月第 1 次印刷
开　　本:850 mm×1 168 mm　1/32　印张:8.375　字数:225 千
印　　数:1~3 000 册
书　　号:ISBN 978-7-113-14652-8
定　　价:35.00 元

前 言

铁路工程建设规模大、施工人员分散、流动性强、机械化程度低、劳动强度高、安全管理人员数量少、临时设施多、职业卫生条件差，加之新材料、新技术、新工艺、新装备大量采用，安全管理任务重，难度大。为解决铁路工程施工安全教育培训难题，编著者们针对铁路工程施工的安全特点，撰写了“图解铁路工程施工安全”系列丛书。

本丛书以最新版铁路工程施工安全技术规程、施工现场临时用电安全技术规范、建筑机械使用安全技术规程等标准、规范、规程为基础，以满足安全管理、安全技术和安全操作三个层次人员的教育培训需要为目标，深入浅出地用图画形式直观、形象地解析了铁路工程施工危险危害因素、安全基本常识、安全技术要点与安全管理注意事项等。

本丛书特别适合作为一线施工人员的安全知识、安全技能学习的自学用书，也可作为安全作业的指导用书，还适合于施工安全管理人员、施工技术人员等参考阅读。

限于编著者们的水平和绘图素材的选取局限性，书中错误和不妥之处在所难免，恳请广大读者批评指正。

本丛书由石家庄铁道大学黄守刚主持编著，铁道部铁路工程技术标准所薛吉岗主持审定。

编著者
2012年10月

目录

Contents

1　轨道材料的存放、装卸和搬运

1.1 危险源及一般安全问题

轨道材料的存放、装卸和搬运作业应考虑下列主要危险源、危害因素：

1. 轨料存放场地不平实，承载力不够。

轨道材料的存放、装卸和搬运作业应考虑下列主要危险源、危害因素：

2. 轨料存放重心偏移或倾斜、层数超限、支点间距不合理、侵入限界。

轨道材料的存放、装卸和搬运作业应考虑下列主要危险源、危害因素：

3．钢轨卸车撬棍作业方法不当、滑轨安放不稳。

轨道材料的存放、装卸和搬运作业应考虑下列主要危险源、危害因素：

4. 钢轨卸车时下方站人。

1　轨道材料的存放、装卸和搬运

轨道材料的存放、装卸和搬运作业应考虑下列主要危险源、危害因素：

5．轨料吊装时轨料捆扎不牢、挂钩不稳、重心偏斜。

轨道材料的存放、装卸和搬运作业应考虑下列主要危险源、危害因素：

6．轨料吊装时下方站人。

轨道材料的存放、装卸和搬运作业应考虑下列主要危险源、危害因素：

7．吊装钢丝绳搭接不符合要求、损伤超标，吊具、构架磨损、脱焊、锈蚀严重。

轨道材料的存放、装卸和搬运作业应考虑下列主要危险源、危害因素：

8．群吊底座混凝土基础埋深不够、尺寸不合理。

轨道材料的存放、装卸和搬运作业应考虑下列主要危险源、危害因素：

9．轨料搬运时超限、超载、偏载、捆扎不牢，运输道路不符合规定。

轨道材料的存放、装卸和搬运作业应考虑下列主要危险源、危害因素：

10．客货混装。

轨道材料的存放、装卸和搬运作业应考虑下列主要危险源、危害因素：

11．车未停稳上、下人。

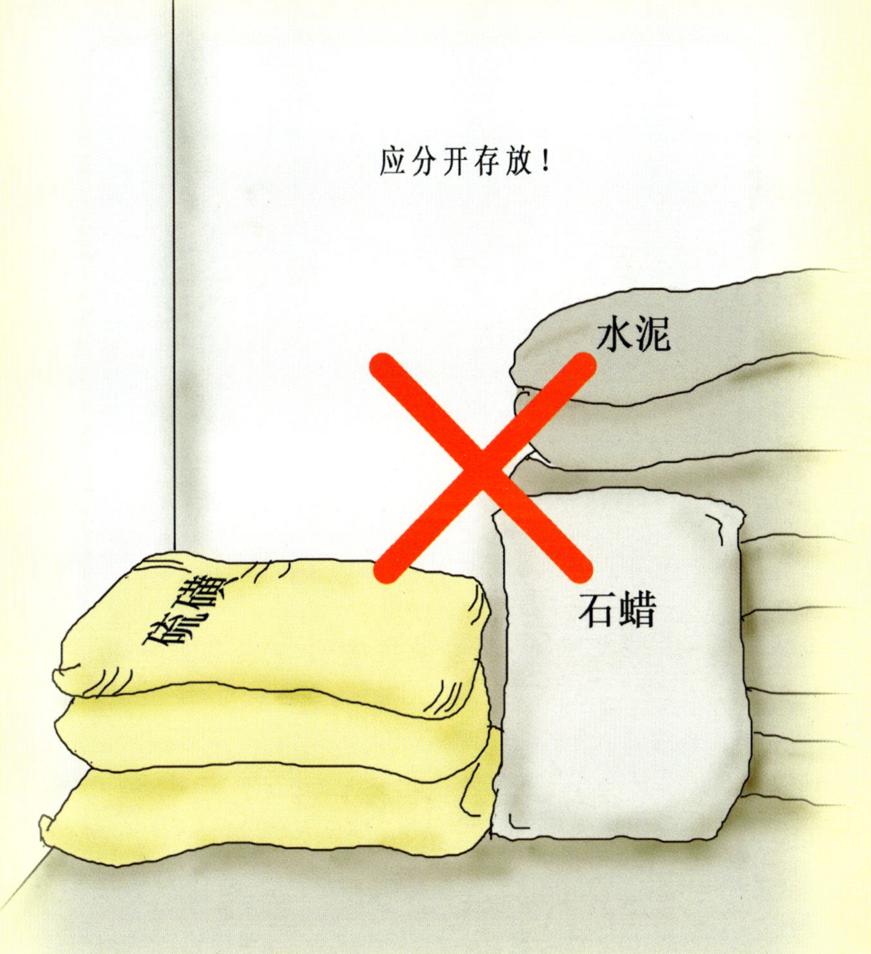

对所储存的物资要分类、分规格、分厂家存放，对可能危害人身健康安全和环境的物资必须单独存放，明显标识。

1　轨道材料的存放、装卸和搬运

轨料应按指定的场地堆码稳固，下重上轻、摆放整齐，避免重心偏移或倾斜，严禁侵入限界。

轨料的堆放、装卸和搬运应组织足够的劳力，选用适当的工具，由专人统一指挥进行，夜间装卸料应有照明。

1　轨道材料的存放、装卸和搬运

轨料装车不得超限、超载和偏载，并应捆绑牢固。铁路运输时，要严格按照铁路装载加固方案规定装载加固。

运送散装轨料应按要求加固。运送跨装轨料必须按加固方案捆绑和支挡，跨装车辆间的提钩杆应绑牢，车钩钩头应加装防伸缩夹具，防止轨料串动。

图示为某施工单位在长轨运输作业中的长轨加固情况。

料车运行中发现装载不良，必须立即停车整理加固。未经整理加固，严禁继续运行。

1 轨道材料的存放、装卸和搬运

轨料卸车时，施工人员在列车未停稳前，不应打开车门及做其他影响安全的准备工作。开车门时，车上人员应离开车门附近，车下人员不应站在车门下面。车辆如需移动，应事先与车上施工人员取得联系，并检查线路上有无障碍物。

不应客货混装，车未停稳前随车装卸人员严禁上下车。

在装卸车的过程中，任何人不得钻车、扒车。

在装卸车的过程中，任何人不能在车下坐、卧和休息。

装卸车时，料车应停稳并做好防溜。

除风动卸砟车外，运输及装载设备运行中，严禁装卸轨料。

1 轨道材料的存放、装卸和搬运

所卸轨料，应摆放平稳。当工程列车上所装料具需在途中先卸一部分时，卸后车上剩余料具不得偏载。

吊装钢轨、轨枕、轨道板、道岔及道岔轨排等作业应符合下列规定：

1. 起重作业应严格按照《建筑机械使用安全技术规程》规定的要求执行。

吊装钢轨、轨枕、轨道板、道岔及道岔轨排等作业应符合下列规定：

2．吊装作业机械司机必须服从指挥。吊装前仔细检查钢丝绳，并确认绑扎牢固后方可起吊，起吊时下层作业人员必须保持在安全距离以外。

吊装钢轨、轨枕、轨道板、道岔及道岔轨排等作业应符合下列规定：

3．吊装作业时，要经常检查钢丝绳、吊钩、夹具、吊架等的安全状况。

吊装钢轨、轨枕、轨道板、道岔及道岔轨排等作业应符合下列规定：

4．吊装作业时，吊臂下严禁站人。

轨料运输道路应符合下列规定：

1．运输道路应平整、压实，满足轨料运输要求，上道出入口坡度不应太大，运输时避免轨料相互碰伤或滑落。

1 轨道材料的存放、装卸和搬运

轨料运输道路应符合下列规定：

2．运输车辆上下过渡区域内应做好顺坡。

3．对轨料运输的临时轨道线路应经常检查、维护，确保不发生移位和变形。

1.2 铺轨基地设置

1．基地内应设置消防车通道，并保持畅通。

2．相邻料堆间，应根据作业需要，留有不小于0.5m的距离。场内堆置物与轨道及走行线间应留有安全距离。

3．基地内主要通道上的单开道岔不得小于9号。

4．装卸线上作业时应有防止车辆溜逸措施；

轨排钉联生产线两旁及装卸线两侧的料具堆码整齐，不影响取送车作业和司机对位的视线。

轨排钉联生产线及装卸线路两侧轨料堆放不得侵限。

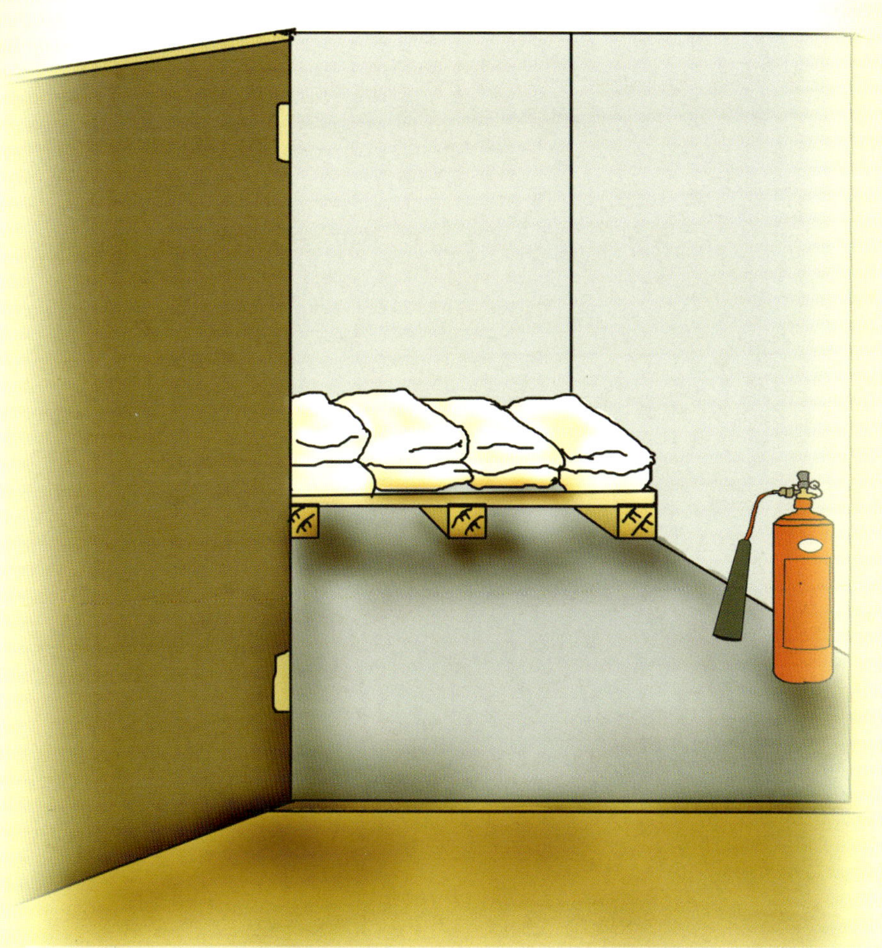

轨节场内的硫磺仓库和锚固车间距木枕堆放区不得小于50m，并应有防火措施。

1　轨道材料的存放、装卸和搬运

易燃易爆品仓库的布置应符合防火、防爆安全距离要求，库区应设置围栏，使用中应配足消防设备，库内物品不得与其他物品混放，并建立严格的进出库制度，由专人管理。

起重设备和各种轨道车辆，应有防溜设施，走行线尽头应设车挡和警示标志。

1.3　轨料存放

材料堆码基底应平实，承载力符合要求。轨料底层应架空，并有良好的排水系统。

钢轨整理后应分类垛码，并符合下列规定：
1．钢轨起吊应：
（1）缓起。

钢轨起吊应：
（2）轻落。

钢轨起吊应：
（3）保持钢轨基本平直。

2．钢轨应采用硬杂木或钢轨作为支垫，与各层钢轨垂直放置，间距5m～7.5m，上下层同位。

3．钢轨采用正放或扣放堆码时，应符合下列要求：
（1）基底及各层之间支垫平稳。

1　轨道材料的存放、装卸和搬运

钢轨采用正放或扣放堆码时，应符合下列要求：
（2）向上每层收台尺寸不应小于一个轨底宽度；
（3）在行车线两侧堆码时，应有临时支挡和捆绑措施。

4. 百米钢轨存放台位应防止下沉。

钢轨连接件存放应符合下列规定：

1．鱼尾板应分层交互码垛在垫木上，堆放整齐。

2．鱼尾螺栓及弹簧垫圈存放时应就原包装堆垛，堆码整齐。

铁垫板存放时应就原捆堆垛，散块时可用分层反扣堆垛，堆码整齐，并以两排为一行互相靠近，以防倒塌。

道钉存放时应就原包装堆垛或装箱存放，堆码整齐。

轨距杆存放时可用分层交互压码堆垛，堆码整齐。

扣配件存放时应就原包装堆垛，堆码整齐。

橡胶或塑料垫板存放应符合下列规定：

1．应存入库房内，避免阳光直射和雨雪浸淋，并远离热源，与易燃品、氧化剂、强酸溶剂的物品不能共储。

2．堆码存放，应根据制品的形状和特点采取适当的堆码方法，但不应过高，防止压损。

1 轨道材料的存放、装卸和搬运

轨道板存放应符合下列规定：

1. Ⅰ型轨道板存放应符合下列规定：

（1）存放轨道板的地基应平整，并进行加固处理，防止发生不均匀沉降。

Ⅰ型轨道板存放应符合下列规定：

（2）轨道板的存放，原则上应采用横向竖立状态放置，并采取防倾倒措施，相邻轨道板间用木块或橡胶垫块隔离，并用连接装置连接起吊螺母处。

Ⅰ型轨道板存放应符合下列规定：

（3）临时（不大于7天）平放时，堆放层数不超过4层，层间用两根垫木分开放置，垫木应上、下对齐，支点位置在起吊螺母处。垫木可用50×50mm方木。

2．Ⅱ型轨道板及道岔板现场存放应符合下列规定：

（1）集中存放时，存放场地要平整并进行硬化处理，硬化地面混凝土强度不小于7.5MPa，并不应有下沉变形。

Ⅱ型轨道板及道岔板现场存放应符合下列规定：

（2）存放时轨道板面朝上并保持水平。轨道板与地面及每层间可用20cm×20cm方木在指定部位支垫。存放层数不得超过10层。

Ⅱ型轨道板及道岔板现场存放应符合下列规定：

（3）沿线存放时，地基应平整密实，下面用方木在指定部位支垫。存放层数不得超过4层。

1　轨道材料的存放、装卸和搬运

轨枕存放应符合下列规定：

1．预应力混凝土枕堆码应符合下列规定：

（1）存放地面应找平压实，支垫稳固。

轨枕存放应符合下列规定：

（2）地面无法满足要求，必要时可铺设木枕或用浆砌片石、混凝土等砌筑支垫平台。

轨枕存放应符合下列规定：
（3）堆码高度不得超过14层，上下保持同位。

轨枕存放应符合下列规定：

（4）每层间在承轨槽处用小方木等支垫，支垫物顶面高出挡肩或螺旋道钉顶面20mm。

2．木枕存放应符合下列规定：
（1）人工堆码木枕不得超过10层。

木枕存放应符合下列规定：

（2）机械堆码木枕不得超过30层，每隔5～7层应设置垂直方向的支垫木枕，以利机械吊装。

木枕存放应符合下列规定：
（3）木枕堆放区应有防火设施，并与生活区分开。

3．短轨枕（支承块）存放基底应平实，堆码层数不得超过10层，向上每层收台宽度不得小丁轨枕长度的1/4。

4．双块式轨枕存放应符合下列规定：

（1）Ⅰ型双块式轨枕存放应水平放置（枕面向上），堆放时以5根枕为一层，每组不超过6层，并捆绑为一体，堆码层数不得超过12层。

双块式轨枕存放应符合下列规定：

（2）II型双块式轨枕存放应水平放置（枕面向上），堆放时以5根枕为一层，每组不超过5层，并捆绑为一体，堆码层数不得超过15层。

5．岔枕应分组存放，按岔枕编号顺序堆码，长枕在下、短枕在上，每层岔枕间以两块垫木隔开，上下层垫木应对正，堆码层数不得超过4层。

普通道岔存放应符合下列规定：

1．长大轨件应存放在坚实、平整且排水良好的地面上，轨件和地面间应铺垫木，垫木的高度、数量视轨件重量而定，支垫间距应为5～7.5m，高度不小于140mm。

1 轨道材料的存放、装卸和搬运

普通道岔存放应符合下列规定：

2．存放尖轨与基本轨组件、可动心轨组件、长轨件的码垛层数不得多于4层，每层用木质垫块垫实垫平，垫块应按高度方向垂直设置。

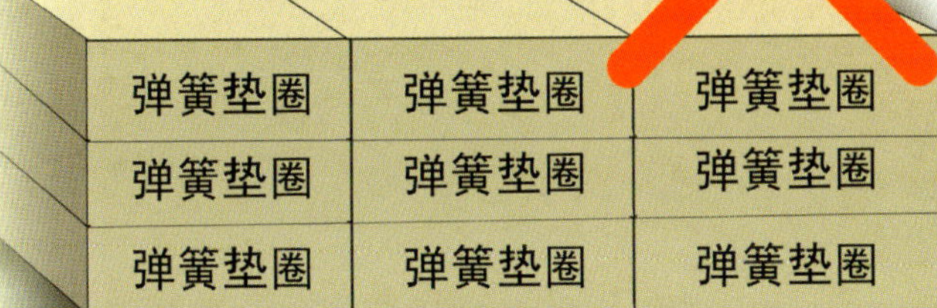

普通道岔存放应符合下列规定：

3．存放装箱零件，箱体码放不得超过 2 层。

1　轨道材料的存放、装卸和搬运

普通道岔存放应符合下列规定：

4．产品零部件的堆码应整齐、安全稳固，易于检查及搬运。

5．道岔的尖轨必须用铁皮包裹、防止损伤。

大号码道岔存放应符合下列规定：

1. 如需堆码，堆码层数不得超过规定，每层构件间应设垫木，支点位置正确。尖轨与基本轨组装件、可动心轨辙叉组装件不应堆码存放。

大号码道岔存放应符合下列规定：

2．转辙器尖轨与基本轨组件并排一起存放，垫木数量7根～10根，垫木规格为1500mm×220mm×220mm。

大号码道岔存放应符合下列规定：

3. 可动心轨辙叉存放时垫木数量为5根～8根。垫木规格为1500mm×220mm×220mm。

4. 导曲线钢轨按长度依次按层存放，同长度的并排存放在一层。垫木数量为5根～8根，垫木规格2000mm×220mm×220mm。

5. 垫板及紧固件按道岔专用包装箱分两排一层存放。

6. 道岔轨排应分组存放，大件在下、小件在上，轨面应进行保护。

1　轨道材料的存放、装卸和搬运

道砟材料存放场地应进行处理，堆砟不应过高，避免装卸设备在砟堆上作业发生倾覆。

板式无砟轨道水泥乳化沥青砂浆存放应符合下列规定：

1．水泥乳化沥青砂浆的原材料应按品种、生产厂家分别存放，不同品种、不同厂家的原材料不应混装、混堆。

2．乳化沥青、干料、减水剂等应遮光储存，避免阳光直射。

无砟轨道凸形挡台填充聚氨酯树脂（CPU）的存放应符合下列规定：

1．凸台树脂应以A、B双组分配套供应，分别封装在铁桶或塑料桶中，包装桶外应有明显的标识。

无砟轨道凸形挡台填充聚氨酯树脂（CPU）的存放应符合下列规定：

2．运输时，应轻装、轻卸，严禁摔、碰撞、拖拉、倾倒和滚动。

原材料应按化工品相关要求，储存在通风、干燥、防晒、防污、防潮、防火无污染的环境中，远离热源。

1.4 钢轨装卸、搬运

要分规格、品种装卸，每捆要考虑吊装上限。

要平衡吊装，防止倾斜、跌落，搬运时要加固牢靠，不能窜动、挤伤。

1 轨道材料的存放、装卸和搬运

使用一台起重设备装卸钢轨时，应配专用吊轨扁担。

人力装卸钢轨时，应使用钢轨夹抬装抬卸或沿溜杠用绳拉装卸作业。装入车内的钢轨保证一端对齐，以便加固捆绑。

1　轨道材料的存放、装卸和搬运

钢轨装卸、搬运应由专人统一指挥，动作一致，作业人员必须使用轨钳、拉轨钩绳、翻轨器等工具。

严禁直接用手搬运钢轨。

严禁直接将钢轨放在肩上扛运。

在装卸、搬运钢轨过程中不应抛掷，避免危及作业人员安全。

1 轨道材料的存放、装卸和搬运

采用滑行方法装卸钢轨时，应符合下列要求：

1．滑行轨安放稳固，坡度适当。

采用滑行方法装卸钢轨时，应符合下列要求：

2. 装卸长12.5m钢轨用滑行轨不少于2 根，长25m钢轨用滑行轨不少于4根。

1　轨道材料的存放、装卸和搬运

采用滑行方法装卸钢轨时，应符合下列要求：

3．拉轨人员走行的道路平整无障碍，并由专人统一指挥，速度一致。

采用滑行方法装卸钢轨时，应符合下列要求：

4. 每次卸下一根钢轨后，及时搬开，以免互相碰撞，弹跳伤人。

1 轨道材料的存放、装卸和搬运

采用滑行方法装卸钢轨时，应符合下列要求：

5. 抬运钢轨时跳板应符合安全使用规定，捆绑钢轨的方法正确。

百米轨及长钢轨装卸应符合下列规定：

1．机车以3～5km/h速度对位，并做好防溜措施。

百米轨及长钢轨装卸应符合下列规定：

2．卸车人员检查起吊设备、吊具状态，准备卸车工具，确认无误后开始卸车作业。

百米轨及长钢轨装卸应符合下列规定：

3. 解除首层锁定，先用活动扳手将横向拉杆拆卸掉，再卸除锁定装置。拆卸钢轨支撑架时要注意周围是否有人和设备，切不可随手乱扔。

百米轨及长钢轨装卸应符合下列规定：
4．摘挂钢轨夹子时，要确认无误后方可进行起吊作业。

百米轨及长钢轨装卸应符合下列规定：
5. 钢轨在起吊过程中应步调一致。

百米轨及长钢轨装卸应符合下列规定：
6．钢轨在起吊过程中，钢轨下严禁站人、穿行。

百米轨及长钢轨装卸应符合下列规定：

7. 钢轨在起吊、滑行过程中应防止摆动失控撞伤作业人员。

百米轨及长钢轨装卸应符合下列规定：

8. 群吊底座的混凝土基础强度应足够，其埋深及结构尺寸符合要求。

9. 长钢轨起吊装车时，各龙门吊要动作同步、缓起轻落、保持长轨平稳，严禁斜拉、斜吊。

百米轨及长钢轨装卸应符合下列规定：

10．长钢轨吊装龙门吊应集中联控，同步起落、横移。

11．长钢轨装车前，应检查固定门吊技术性能、钢丝绳磨损程度、夹轨钳是否灵活、有无损伤。

百米轨及长钢轨装卸应符合下列规定：

12．长钢轨吊起移动应平缓运动，注意前后配合，快慢一致，操作人员应面向前进方向跟随后行。

13．工作完毕，电动葫芦、吊钩、吊具应停放于指定位置。

百米轨及长钢轨装卸应符合下列规定：

14. 长钢轨采用汽车吊卸车时，应密切保持一致，避免吊车倾翻。

百米轨及长钢轨装卸应符合下列规定：
15．长钢轨卸车时应人工使用撬棍配合吊运设备摆放整齐。

1.5 轨枕及扣配件装卸、搬运

轨枕公路运输应使用带有固定架的车辆，运输车应与轨枕尺寸相适应，装车层数不多于6层，装车后应绑扎牢固，严防运输途中发生位移。

1　轨道材料的存放、装卸和搬运

轨枕铁路运输应按铁路部门批准的装车方案进行装车。装车时，每摞轨枕之间塞两块三角楔木，防止轨枕运输过程中碰撞、损坏。

1.5　轨枕及扣配件装卸、搬运

扛运轨枕应符合下列规定：

1．抬运混凝土枕应4人一根；桥枕、岔枕等应增加扛抬人员。

扛运轨枕应符合下列规定：

2．抬运轨枕时，挂枕应牢靠，抬运应平稳，放置时步调应一致。

扛运轨枕应符合下列规定：

3．单人扛运木枕应有固定人员搭肩。

单人扛运木枕到达指定地点放置时，应先将木枕一端着地，使木枕竖立，然后放下，不应耸肩摔掷，避免碰撞他人。

轨枕卸车时，严禁碰、撞、摔、扭，避免危及设备及人身安全。

1　轨道材料的存放、装卸和搬运

采用吊车卸轨枕时，支腿应支撑牢固。

扣配件装卸搬运过程中不应抛掷，避免伤人。

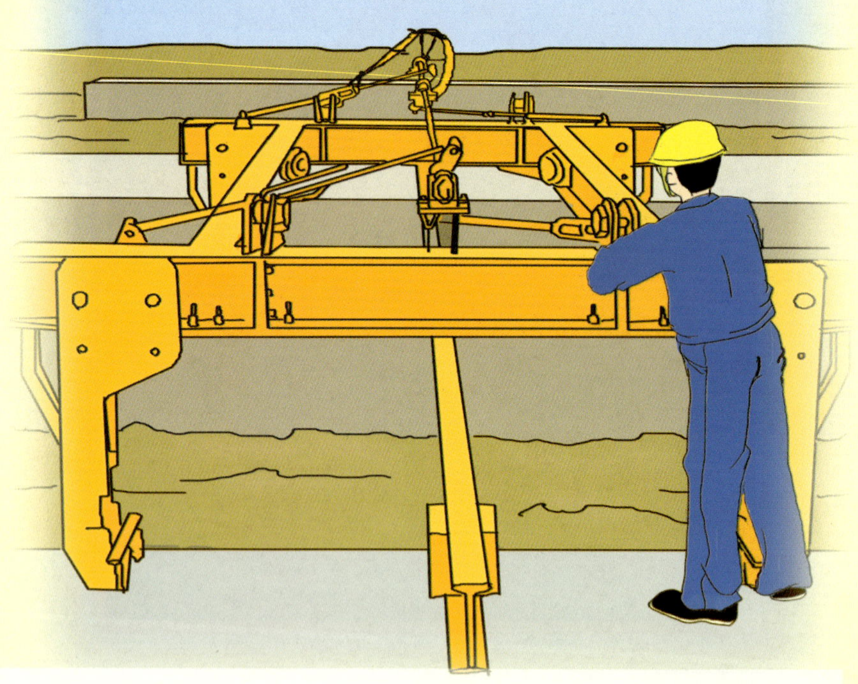

1.6　轨道板装卸、运输

轨道板吊装前应仔细检查钢丝绳及吊架有无损伤。

采用龙门吊装卸轨道板，应利用轨道板上的起吊装置水平起吊，轻起轻落，严禁碰、撞、摔，避免轨道板跌落伤人。

轨道板装车应采用方木垫块衬垫，在轨道板设计支撑点处提前支垫。轨道板下落时严禁将手脚伸入轨道板底下。

轨道板装车层数应根据设备能力确定，但不得超过4层。

轨道板运输平车四周应加设轨道板固定装置，吊装完成后，上紧加固螺栓及加固装置。

轨道板运输前应确认装车平稳，捆绑牢固，严禁三点支撑，严防冲击。运输时应避免轨道板相互碰伤或窜动，跌落车下发生事故。

1.7 道砟装卸、运输

道砟装卸作业时，施工负责人应用音响信号进行指挥。

分段卸砟时，车上道砟应左右侧匀称下卸，防止卸后车辆偏载脱线。

1 轨道材料的存放、装卸和搬运

装卸道砟时，施工人员不得站、坐于车帮上和两头端板上，严禁站、坐在两车之间。

装卸完的道砟列车应将车门关牢，插好插销。

装卸完毕后还应清理好轨面和轮缘槽。

经施工负责人检查确认符合要求后，可将列车拉出装卸道砟地点停车，确认无脱线后，方可开车。

卸砟车辆应设置可靠的防溜措施。
【案例】某卸砟车辆未设置可靠的防溜措施，发生事故。

1.8 道岔装卸、运输

道岔装卸应符合下列规定：

1. 道岔装卸应使用专用吊具，使用前应进行检查，保证钢轨件吊运过程中不形成塑性变形或扭转变形。

道岔装卸应符合下列规定：

2．岔枕、道岔组件及箱装零配件起吊时绳索的吊点应布置在工件重心的两侧，禁止单点起吊长大组件，防止道岔部件变形。

道岔装卸应符合下列规定：

3．道岔尖轨与基本轨组装件、可动心轨辙叉组装件、长度大于15m的配轨，严禁人工直接从车辆上推下卸货；严禁人工用撬棍起撬移动长大钢轨件。

道岔装卸应符合下列规定：

4．道岔尖轨与基本轨组装件、可动心轨辙叉组装件、长度大于15m，小于25m的钢轨件，装卸作业时应采用起重机械和专用吊具，吊点间距允许最大值为6m。

道岔装卸应符合下列规定：

5．尖轨与基本轨组装件、可动心轨辙叉组装件必须整体装卸车。

道岔装卸应符合下列规定：

6．岔枕装卸、运输时严禁碰、撞、摔、掷。

道岔装卸应符合下列规定：
7. 严禁用撬棍插入岔枕预埋套管内撬拨岔枕。

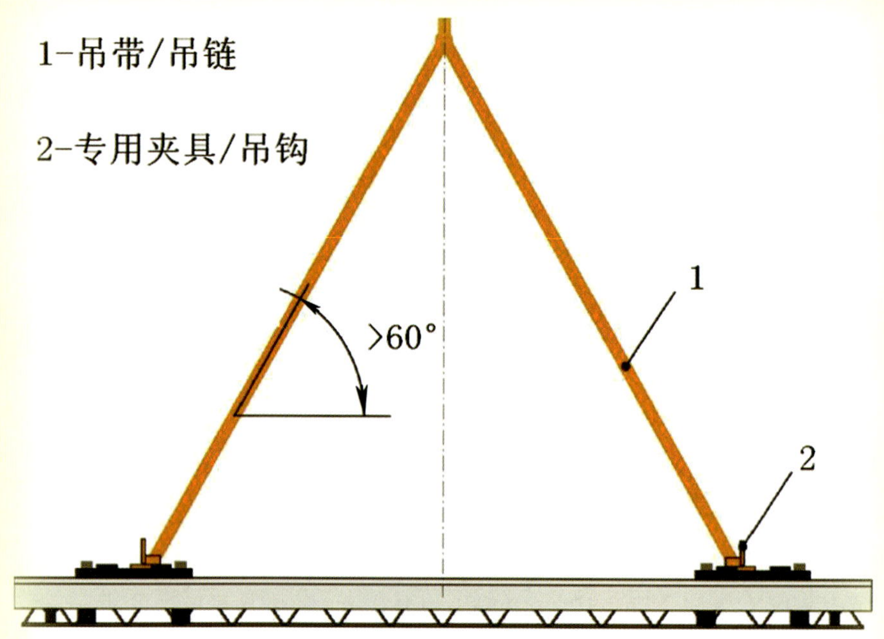

道岔装卸应符合下列规定：

8．混凝土岔枕应使用起重机械装卸，并采取措施防止岔枕互相碰撞。岔枕吊点可采取如下方法：岔枕上专用夹具/吊钩对称布置，吊带/吊链与水平线所成夹角不小于60°。

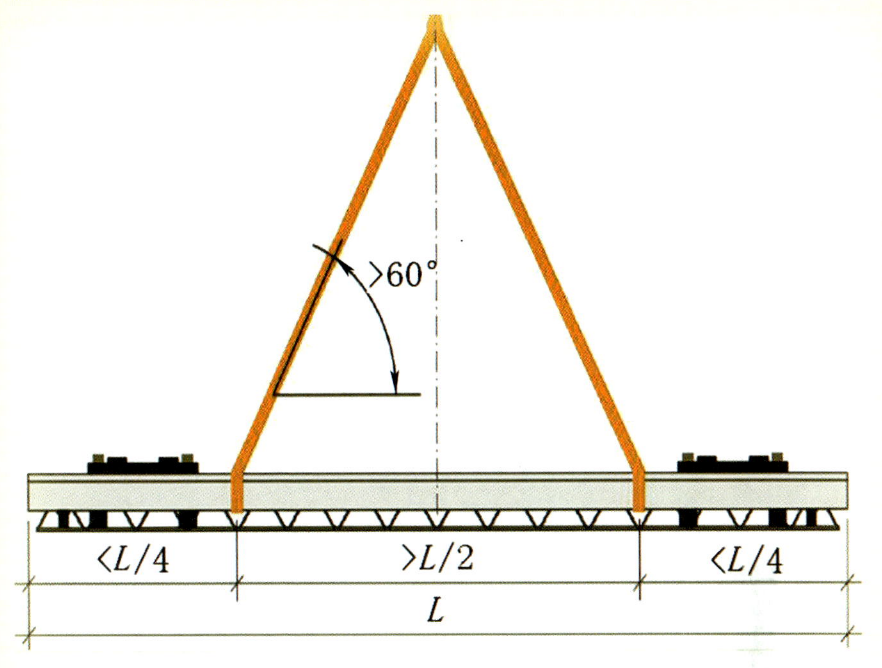

道岔装卸应符合下列规定：

9．岔枕吊点还可采取如下方法：吊带必须始终对称布置且固定，吊点最小间距为岔枕总长的一半，吊带与水平线夹角须不小于60°。

道岔装卸应符合下列规定：

10．长度大于30m的单件，起吊时应使用吊装扁担梁和柔性吊带，绳索的吊点布置须根据工件重心和长度计算确定，吊装扁担梁吊点布置间距不大于5m。

11．普速道岔使用大型起重机械装卸有困难时，可采用人工滑杠卸车，但必须控制好工件的下滑速度，不应过快。滑杠下端必须放置缓冲垫物，避免道岔部件弹跳伤人。操作人员应听从统一指挥，动作一致，避免撬棍飞出伤人。

1.8 道岔装卸、运输

道岔运输应符合下列规定：

1．采用轨排方式运输道岔时，长度超过30m的轨排应设置专用的运输架。

道岔运输应符合下列规定：

2. 道岔运输前应预先确定行驶路线、速度、限界等控制要求。汽车运输路线需提前考察、测算，对小半径曲线地段进行拓宽，对路基软弱地段进行加固。运输中，应设置警示标志。

道岔运输应符合下列规定：

3．尖轨与基本轨组装件、可动心轨辙叉组装件、配轨、轨排应采用不致使其产生塑性变形的运输方式，并采用专用夹具将其固定在运输车上。

道岔运输应符合下列规定：

4．转辙器部分尖轨、基本轨、铁垫板组件，发运前，须采用夹具将尖轨固定于基本轨上。装卡夹具或捆扎固定点不得少于8处：尖轨牵引点附近、尖轨断面35～50mm、尖轨70mm断面处必须装卡夹具，其余可垫胶垫采用铁丝捆扎，然后整体发运。

道岔运输应符合下列规定：

5．可动心轨辙叉在发运前，须将可动心轨拨至直股开通方向，用楔形木块楔紧可动心轨，用铁丝捆扎，保证心轨在运输过程中不发生移动，然后整体发运。

道岔运输应符合下列规定：

6．转辙器尖轨和基本轨组件、可动心轨辙叉组件，工件悬出车辆长度不得大于1.8m；装车时，工件应摆放平整，工件之间应坚实平整。

道岔运输应符合下列规定：

7．尖轨与基本轨组件、可动心轨组件、长轨件，装车多层码垛，码垛层数不得多于4层，每层用木质垫块垫实垫平，垫块应按高度方向垂直设置。

8．岔枕采用平板车或专用车辆运输，多层码垛时，每层应用木质垫块垫实垫平，组装有铁垫板的岔枕，层间垫块的高度应高于铁垫板，避免岔枕滑落。

道岔运输应符合下列规定：

9．装车横垫木支距大于8m时，应有防止变形的措施。

10．道岔转换设备应采用专用包装箱包装运输。

道岔运输应符合下列规定：

11．装运道岔组件的平板车应设固定装置，并用木板垫平，木楔子打紧，避免运行过程中产生滑移、窜动危及行车安全。

12．运输过程中应堆码整齐、安全稳固，对加固部位进行封焊时，确保焊接质量。

13．轨道平车要设置侧向防滑装置，对装车的道岔部件都必须进行捆绑固定。

道岔运输应符合下列规定：

14．道岔装车时防止偏载，岔枕不得超限，各种配件箱要放置平稳，并按有关规定进行捆扎加固，保证运输途中不发生任何意外。

15. 弹性铁垫板的装卸与搬运应注意如下事项：

（1）在装卸过程中应轻拿轻放，保证产品及产品包装的完好，避免产品在装卸过程中的磕碰。

弹性铁垫板的装卸与搬运应注意如下事项：

（2）严禁扔、撞、摔弹性贴垫板。

弹性铁垫板的装卸与搬运应注意如下事项：
（3）禁止将弹性垫板的一边放在地面上进行拖动。

弹性铁垫板的装卸与搬运应注意如下事项：

（4）弹性铁垫板在装卸、运输过程中严禁与油类、有机溶剂等有害于橡胶的化学药品接触，并应防止曝晒。

弹性铁垫板的装卸与搬运应注意如下事项：

（5）开箱后取出的产品应水平放置在转运托盘上，每个托盘上只允许堆码一层产品。如果没有托盘，由两名专业搬运人员将产品水平抬放到指定安装地点或存放区域。

1.9 机械设备的使用

1.9.1 起重机械

起重机械使用除应符合《 铁路工程基本作业施工安全技术规程 》（TB 10301—2009）的有关规定外，还应符合下列规定：

1. 各种装卸、搬运轨料的机械操作人员必须持有操作合格证。操作时应配有固定吊装指挥人员。

2．起重指挥应由技术培训合格专职人员担任。作业前，应对起重机械设备、现场施工环境、行驶道路、架空电线及其他建筑物和吊重情况进行了解，确定吊装方法。

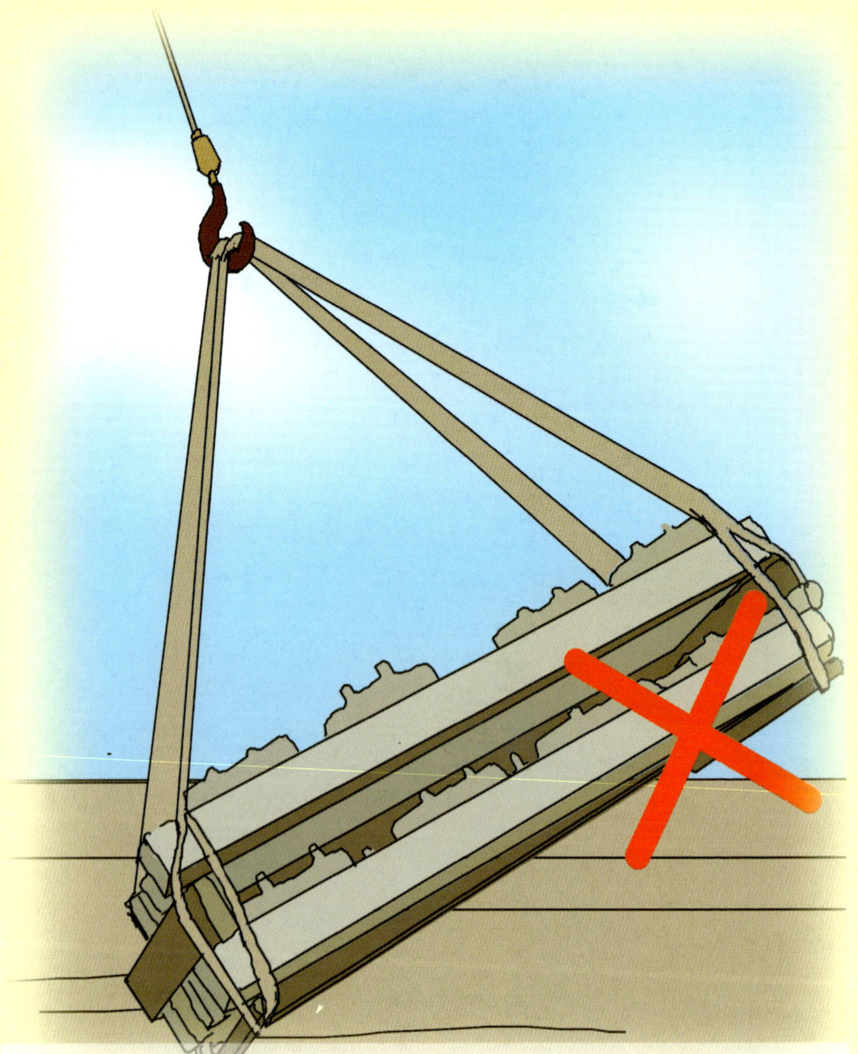

3. 各类起重设备操作，必须符合各起重设备的使用说明和有关规定。严禁违章起吊。被吊物品必须捆扎牢固，起吊点应符合要求，禁止斜拉拖拽物体。

4．起重设备吊重应保持垂直起吊，不得斜吊或拖拉。起、落、旋转均应平稳。旋转时应有专人拉缆绳，旋转中不得起落扒杆或升降吊重物。

5．严禁吊运的货物从人头上方通过或停留，应使吊物沿吊运安全通道移动。

6. 任何吊重物上严禁载人，起吊操作范围内不应有人。

7. 起吊重物时，不得在重物上堆放或悬挂零星物件。

8. 使用轨行起重设备，必须上全钢轨卡，打好支腿后，方可操作。

9. 起吊作业地点上空遇有高压线时，起重设备扒杆顶端与高压线间的安全距离为：当高压线为10kV时不得小于2m；35kV时不得小于4m。

【案例】×年×月×日上午11时左右。一辆吊车在施工作业过程中不慎将吊钩挂在高压电线上，吊车随即导电。吊车驾驶员发现异常情况后下车去检查，不料在刚接触到车门的一瞬间触电身亡。图示为事故现场。

10．起重设备操作地点的地面应坚实平整，起吊前应先试吊，确认安全稳妥后，方可正式操作。

11．轨料吊装遇有6级及以上大风时，应停止操作。

12. 工间休息或收工后，吊装的轨料严禁呈悬空状态。

13. 使用磁吊装卸时，磁板接触轨料后，方可启动磁铁电源。卸载时，应待轨料接触卸货地点后，方可消磁卸钩；配合装卸的施工人员不应携带任何铁器。停止装卸时，磁板必须落地，并切断电源。

14．起重机的变幅指示器、力矩限制以及各种行程限位开关等安全保护装置，应齐全完整，灵敏可靠，不得用限位装置代替操纵机构进行停机。

15．起重吊装物件时，不应忽快忽慢和突然制动。

16. 非重力下降式起重机不应带荷自由下落。

17. 吊装钢轨时应按警示铃，要确认吊装人员远离作业区。

18. 吊装作业操作人员应经常检查钢丝绳的磨损、锈蚀情况，凡不符合使用规定者应立即更换。对吊架连接部位、焊接点经常进行检查，连接松动或脱焊的未经修复不应使用。

19. 起重机要做到“十不吊”：
(1) 指挥信号不明确和违章指挥不吊。

起重机要做到“十不吊”：
（2）超载不吊。

起重机要做到“十不吊”：
（3）工件或吊物捆绑不牢不吊。

起重机要做到“十不吊”：
（4）吊物上有人不吊。

起重机要做到“十不吊”：
（5）安全装置不齐全，不完好，动作不灵敏或失效者不吊。

起重机要做到“十不吊”：
（6）工件埋在地下或与地面建筑物、设备有钩挂时不吊。

起重机要做到“十不吊”：
（7）光线隐暗视线不清不吊。

起重机要做到“十不吊”：
（8）有棱角吊物无防护切割隔离保护措施不吊。
（9）斜拉歪拽工件不吊。
（10）有脱落或洒落危险不吊。

20．轨料吊装收工前，起重设备的吊具、挂钩等应拴牢，并不得侵入限界。电动起重设备应切断电源。各类起重设备均应制动和锁死，做好防溜措施。

1.9.2　单轨车、小平车等非机动轻型车辆的使用

1．单轨车、小平车等非机动轻型车辆应放置在固定的安全地点并加锁，使用前应进行检查，确认状态良好后方可使用。

2. 使用单轨车、小平车等非机动轻型车辆时，必须取得车站值班员对使用时间的承认，并作好登记签认。

3．使用单轨车或小平车时，必须按照铁道部现行《铁路技术管理规程》和《铁路工务安全规则》设置施工安全防护。

4. 使用单轨车应有专人负责，同时应配足够的随车人员，以便来车时能及时撤到限界以外。在双线地段应在外股钢轨行走。

5. 单轨车上严禁载人。

6．使用小平车应符合下列要求：

（1）必须由经过安全培训、经施工负责人指定的专人负责使用。

使用小平车应符合下列要求：

（2）配有足够的随车人员，以便来车时能及时将小平车撤到限界以外。

使用小平车应符合下列要求：
（3）小平车应具备制动装置及两个以上的止轮器。

使用小平车应符合下列要求：
（4）使用负责人随带音响信号、信号旗、信号灯等。

使用小平车应符合下列要求：
（5）走行时限速5km／h。

使用小平车应符合下列要求：

（6）任何时候操作人员不应手离小平车，不应在车前拖拉行走。

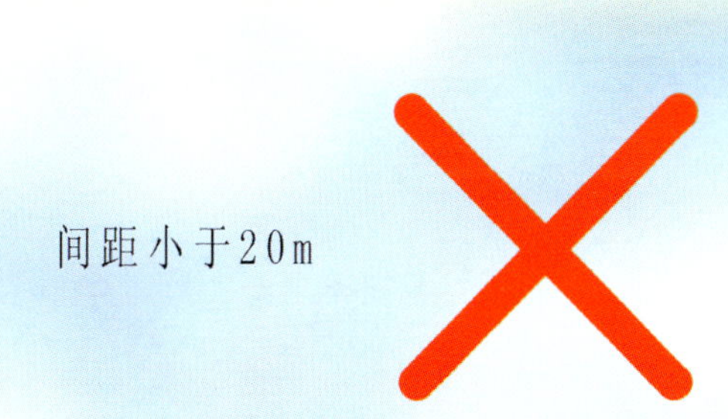

使用小平车应符合下列要求：
（7）数辆小平车同向运行时，两车间距离不小于20m。

使用小平车应符合下列要求：
（8）在陡于6‰的下坡道上，不应运送轨料。

使用小平车应符合下列要求：
（9）小平车上严禁载人。

7. 小平车应按下列要求进行防护：

（1）应派防护人员在车辆前后各800m处显示停车手信号旗，随车移动。如瞭望条件不良时，应增设中间防护员。

（2）不能在认可时间内撤出线路时，应在车辆前后各800m处放置响墩，并以停车手信号防护。

小平车应按下列要求进行防护：

（3）跟随列车后面运行时，应与列车保持不小于500m的距离。在长大坡道区间，不应续发小平车。

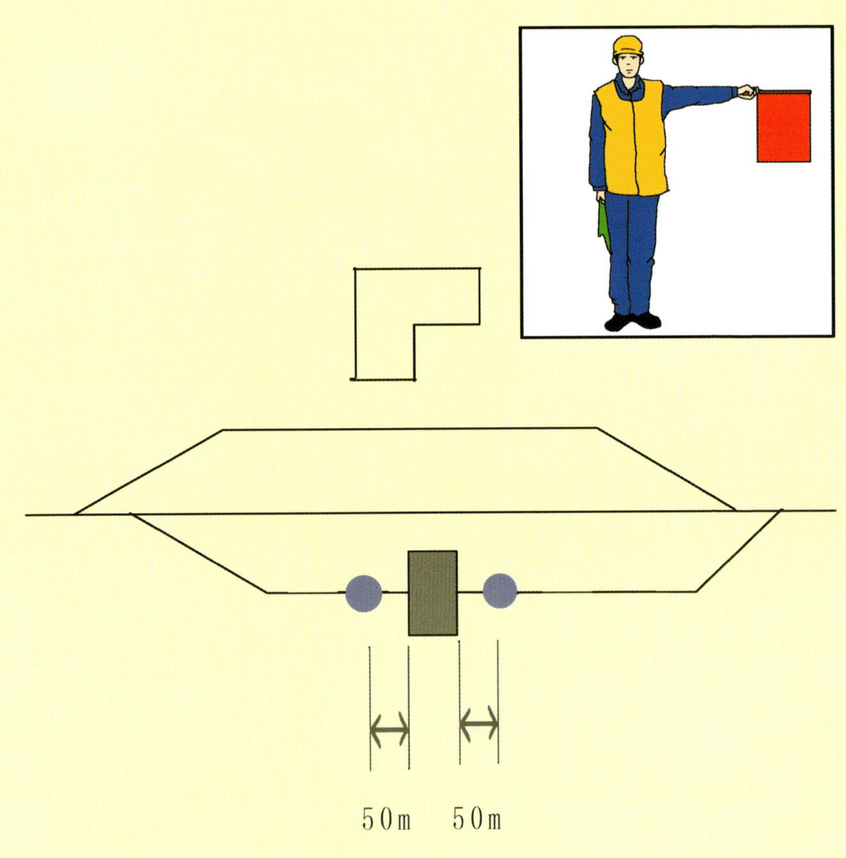

小平车应按下列要求进行防护：

（4）在站内使用装载较重的小平车时，在前后各50m处显示停车手信号，随车移动。

1.9.3　重型轨道车的使用

1．重型轨道车必须由经过考试合格、持有轨道车驾驶证的人员驾驶。

2．重型轨道车的运行按列车办理。

3．使用重型轨道车时，使用单位必须按规定编报运输申请计划，纳入行车调度日班计划。

4. 轨道车出乘时，车上必须配备通信信号设备、安全防护用品、主要工具和备件等。出乘前，应确认车辆制动及信号等设备状态良好。

5．在营业线上运行的重型轨道车除安装无线列车调度电话外，还应根据需要加装机车信号和运行监控装置。

6．轨道车不应超限、超载和偏载。发车前由司机严格检查，当发现装载不良时应整理牢固，符合装载要求后方可发车。

7．轨道车的牵引重量及速度应按运输部门的规定办理。

8．重型轨道车与拖车连挂时，不应跨区间连续推进运行。区间推进运行时，应有调车人员领车。运行过程中严禁超速运行。

9．两组重型轨道车连挂运行时，制动型式必须相同，并将功率大的或重载车编在前面。

10．运送施工等人员时，拖车必须有端板、侧板，并有专人负责安全。施工负责人并应做到：

（1）对搭乘人员进行安全教育。

（2）运行中人员不应站立或坐在端板、侧板及连接处。

（3）监督乘车人员待车停稳后方可上下，确认有关人员上下完毕，方可通知司机开车。

11．在电气化区段使用的轨道车，其轴距小于5m时，不应单独行驶在交叉渡线上。

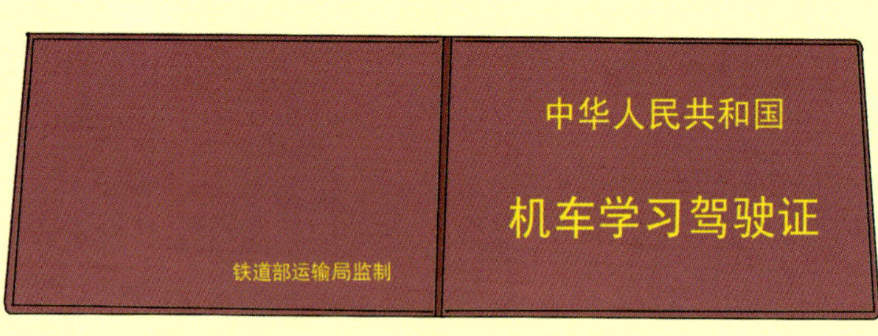

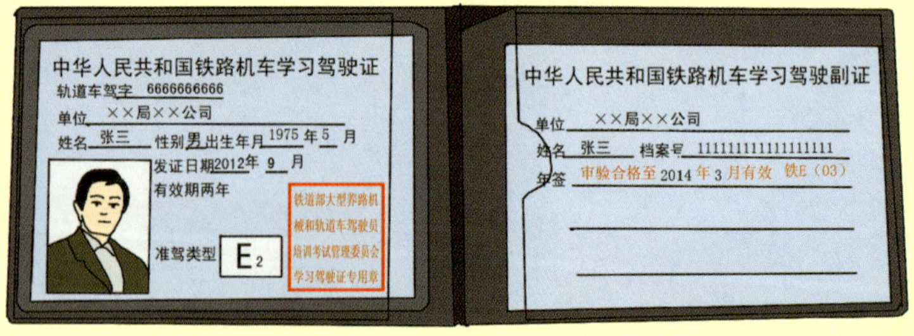

1.9.4　轻型轨道车的使用

轻型轨道车的使用应符合下列规定：

1. 轻型轨道车必须由经过考试合格、持有轨道车驾驶证的人员驾驶。

2. 使用轻型轨道车时，必须取得车站值班员对使用时间的承认，填写轻型车辆使用书。在区间用电话联系时，双方分别填写使用书，并应在使用时间内撤出。

3. 轻型轨道车出乘时，车上必须配备通信信号设备、安全防护用品、主要工具和备件等。出乘前，应确认车辆制动及信号等设备状态良好。

4．轻型轨道车运行时，应用展开的红色信号旗进行防护。在复线区段，当遇邻线来车，应暂将红色信号旗卷收，等车过后再行显示。

5．轻型轨道车应有拆装式安全栏杆或扶手，并应稳固可靠。

6．轻型轨道车在连挂拖车时不应推进运行，并不应与重型轨道车连挂。

7. 轻型轨道车运行过程中严禁超速运行，侧向过岔速度不得超过15km/h。

8. 在区间施工作业，应派防护人员在车辆前后各800m处显示停车手信号，随车移动。当瞭望条件不良时，应增派中间防护员。

9. 轻型轨道车不应在繁忙和快速线路上使用，因特殊需要时必须由运输部门审查批准。

10. 轻型轨道车不应停放在站内线路上过夜，特殊情况下经车站值班员同意时，应加锁稳妥停放。

11. 轻型轨道车撤出线路后不应侵入限界，使用完毕后存放在固定地点并加锁。

2　工程运输

2.1 危险源及一般安全问题

工程运输应考虑下列主要危险源、危害因素：

1. 货物偏载、移动或倾覆主要危险源、危害因素：装载加固不符合技术方案要求；分卸时未均衡卸车；货物装载加固设备及材料不符合技术要求；列车没按规定运行；车辆、货车技术状态不良。

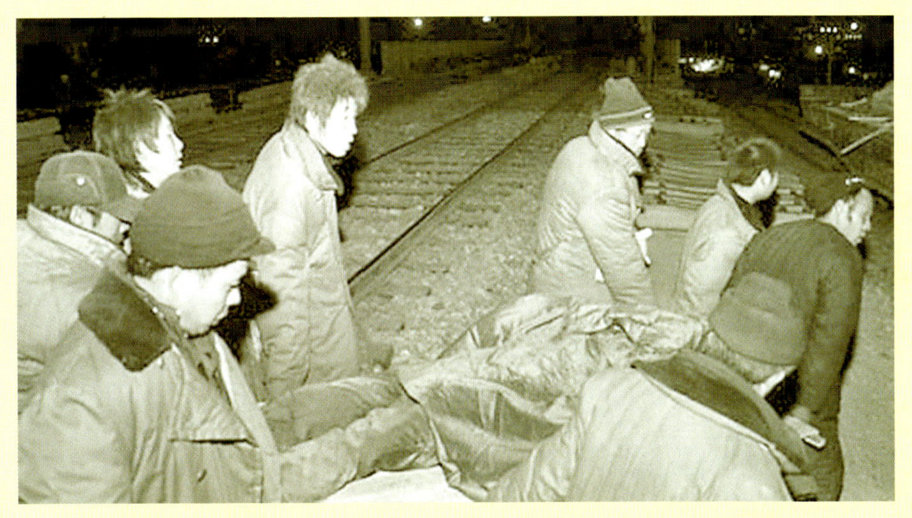

2. 机车车辆溜逸主要危险源、危害因素：没按规定要求对机车车辆进行防溜；车辆的制动系统不良；防溜器具不否符合技术标准；在大坡道地段进行摘挂车作业；列车推进前没执行试拉制度；列车在车站停车时，司机没按规定进行操作。

【案例】某工程列车由工地返回铺架基地途中脱轨，7辆平板车倾覆于线路左侧。图示为事故现场。

3. 列车（车列）脱轨主要危险源、危害因素：线路或道岔不满足工程列车通行的技术要求；列车运行速度超过规定的线路允许速度要求；机车车辆走行部的技术状态不良；影响列车运行的线路施工没按规定进行防护；车辆所装货物是否偏载、超载。

4. 列车冲突主要危险源、危害因素：车站接发列车、调车作业不符合规定；漏发、错发、漏传、错传调度命令；列车或车列没停于警冲标内方；开续行列车不符合规定；接发超限列车或超限列车（车辆）没停留在规定线路；列车被迫停车或区间停车没按规定进行防护；机车车辆车钩、制动系统技术状态不良。

5. 人身伤害主要危险源、危害因素：接发及调车作业人员没按规定操作；列车技检作业没按规定设置防护；检修车辆没按规定设置防溜；电气化区段没按规定作业。

2.2 轨道材料装载加固

2.2.1 钢轨、轨枕、轨排、预应力梁、长钢轨的装载加固应符合铁道部现行《铁路货物装载加固规则》和《铁路超限超重货物运输规则》的有关规定。装载加固材料和装置的技术条件和运用管理应执行《铁路货物装载加固规则》中的（《常用装载加固材料与装置》）相关规定。

2.2.3 工程路料在装车时，货运人员应执行监装制度，确保货物的装载加固符合装载加固方案的规定要求。

2.2.4 工程路料通过营业线运输时，其装载加固还应执行所在铁路局的有关补充规定。

2.3　新线工程运输

超长、超限工程路料长距离运输时，应在适当地点设置货运检查站，负责对路料车的装载加固进行检查。

超长、超限列车以及自走行的铺架机械应在车站固定线路接发。

车站调车作业除应执行《铁路调车作业标准》的相关规定外，还应符合下列规定：

（1）调动铺轨机、架桥机、大型养路机械、超限限速车辆及宿营车时，必须征得机（车）组负责人的同意方可调动。调车时必须接通全部制动软管并进行制动机简略试验。

（2）连挂铺轨机、架桥机、大型养路机械、超限限速车辆及宿营车或带上述车辆、机械连挂其它车辆时，必须在距被连挂的车辆、机械30m处一度停车，检查确认符合连挂条件后，方可以不超过3km/h的速度连挂。

（3）在龙门架下对位调车时应符合下列规定：

① 机车车辆或货物的任何部位与倒装龙门架间的限界距离不得小于70mm，不足时禁止进行对位作业。

② 对位作业应在龙门架作业负责人同意后方可进行。

③ 调车人员和机车乘务人员应随时监视龙门架的作业动态，禁止调车人员通过正在作业的龙门架。

新线工程列车开行应编挂守车，且必须有运转车长值乘。

铺轨机、架桥机等自轮运转特种设备在新线转场挂运前，列检人员应对机组车辆部分进行全面检查维修，挂运时应派列检人员随车押运。

司机在列车运行中，严格按规定速度和信号显示运行，平稳操纵列车。特殊情况采取紧急制动后，桥梁、轨排列车应由运转车长和押运员检查货物装载加固状态，确认货物装载加固状态良好后方可继续运行。列车在区间被迫停车时，司机及运转车长应按铁道部现行的《铁路技术管理规程》规定进行办理。

轨排、桥梁列车发运单位应指派押运人员，携带必需的工具和加固材料随车押运。列车在车站或途中紧急制动停车时，运转车长和押运人员应对货物的装载加固状态进行全面检查。运转车长在确认货物装载加固状态良好后，方可向司机显示发车信号。

2 工程运输

新铺线路经重点整道后，工程列车的运行速度不得大于15km/h。随着线路质量的提高，可逐步提高行车速度。

运用机车应符合下列规定：

1．机车应按规定进行日常保养，按检修周期定期检修，保证技术状态良好。

2．机车工具及备品按《铁路机车运用规程》规定配备齐全，灭火器在有效期内。

3．机车出段前，必须达到运用状态，符合《铁路技术管理规程》规定的出段机车技术条件，并且冬季防寒整修符合规定要求，配备的通信设备良好。

4．机车各安全保护装置和监督、计量器具不应盲目切（拆）除及任意调整动作参数。

前方站至工地间行车组织工作应符合下列规定：

1．前方站至工地间的行车组织工作由前方站统一领导。行车工作由前方站值班员统一指挥。严禁他人擅自指挥行车、私自动用机车（含动车、轨道车）、车辆。

2．前方站至工地间的运行速度不得超过15km/h。

3．工地调车作业时，应全部接通软管并进行自动制动机简略试验，检查确认制动主管贯通。推进运行前，必须执行试拉制度。

4．正在进行铺架作业或自走行的铺架机械，严禁连挂。

5．如自行地段线路坡度超过铺架机械设计的最大坡度时，经机组负责人请求，方可派机车推送，运行中机组人员应随车防护。

6．推送铺架机械时，速度不得超过10km/h；通过侧向道岔或曲线时，速度不得超过5km/h。

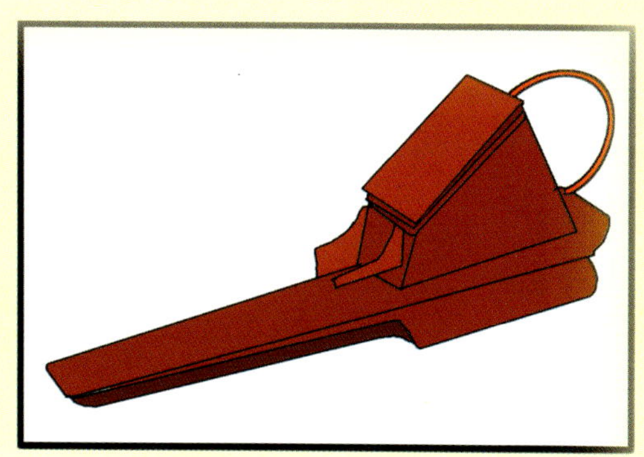

停留的机车车辆（自轮运转特种设备）应根据有关规定做好机车车辆的防溜工作。防溜所使用的人力制动紧固器、防溜铁鞋、防溜枕木、止轮器等防溜设备和器具必须符合技术标准。不符合标准的防溜设备和器具严禁使用。

新线开通后，在有调车作业的车站内，不应在两股道中心堆放砂石料具。

新线开通后，在区间线路两旁堆放的施工用料和工器具，距钢轨头部外侧不得小于1.5m。物料堆放物应稳固，防止倒塌。

2.4 营业线工程运输

在营业线参与行车工作的所有人员，在作业中必须服从所在铁路局列车调度员、车站值班员的统一指挥，严格按标准化要求进行作业。接受营业线运输、设备管理部门和部门安全检查人员的监督和检查。

列车运行中，机车信号、列车无线调度通信设备、自动停车装置或列车运行监控记录装置必须全程运转，严禁关机。

工程列车在运行中，司机应严格按规定速度和信号显示行车，认真执行“呼唤应答”制度，平稳操纵机车，严禁超速。

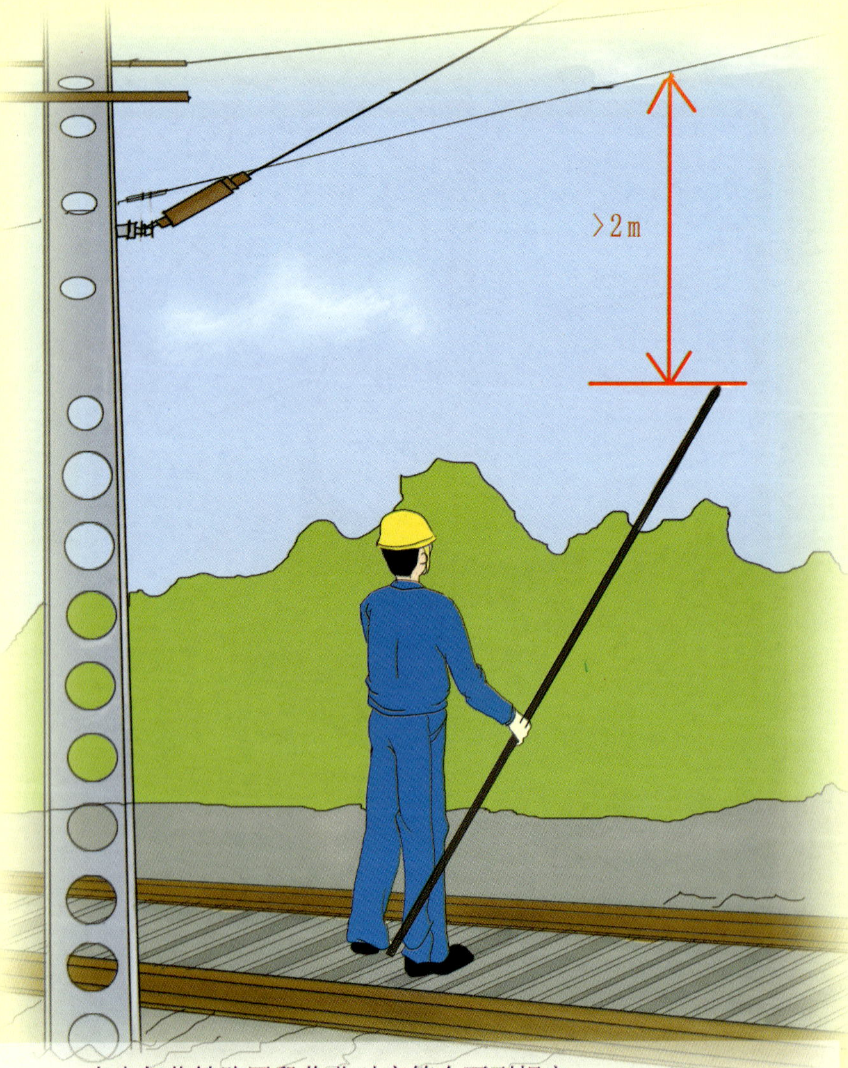

在电气化铁路区段作业时应符合下列规定：

1．在电气化铁路上工作的有关人员（包括通过电气化铁路的乘务员、押运人员等），在施工开始前，必须经过有关安全考试合格后，方准单独作业。

2．任何人员所携带的物件（包括长杆、导线等）与接触网设备的带电部分需保持2m以上的距离。

3．在带电的接触网的线路上进行调车时，禁止登上棚车（在区间和中间站禁止登上敞车和棚车）行走或使用人力制动机；敞车、平车上使用人力制动机时，不准踏在高于人力制动机踏板的车帮上或货物上。

4. 在接触网没有停电并接地的情况下，禁止到内燃机车和车辆的车顶上进行任何作业。不应用水管冲洗机车车辆。

5. 机车上可以攀登到车顶的梯子和通往走台板的前门等处，均应明显地涂有“接触网有电，禁止攀登”的警告标语，天窗必须关闭加锁。

6. 铺轨机、架桥机等自轮运转特种设备的押运人员，在电气化区段运行和停留时，禁止踏上高于机组地板的任何位置并进行任何作业。其司机室的天窗必须关闭加锁。

3 轨料运输设备使用安全

3 轨料运输设备使用安全

3.1 运砟车辆

1. 运砟车辆从便道进入路基的上道口不可转弯过急，进入路基后车辆行驶速度不超过15km/h，不得突然加速或急刹车。

2．道砟装卸应选用适当的工具，并设专人统一指挥。

3．在向运砟车辆装载时，禁止铲斗在运砟车辆驾驶室上空越过。如汽车驾驶室顶无防护板，卸砟时汽车驾驶室内不准有人。

4．向运砟车辆装载时应尽量降低铲斗，减小卸落高度，防止偏载、超载和砸坏车箱。

5. 运砟车倒车卸砟退出时，必须由专人指挥。

6. 平板车道砟卸车过程中应避免偏载，防止车辆脱轨。

7. 道砟卸车后临时存放不得侵入限界。

8. 风动卸砟车应严格控制卸砟速度，不得超速。风动卸砟车卸砟时车门不得堵塞，堆砟坡脚及高度应符合要求。

3　轨料运输设备使用安全

开底门卸砟时不得超卸石砟，以免导致自身掉道。

3.2 枕轨运输列车

1. 按枕轨运输列车技术要求装载长钢轨和轨枕。

2．长钢轨装车完毕后要保证其锁定牢固，轨枕装车时严禁发生碰损、装偏、倾斜、漏垫支垫物等现象。

3.3 长轨运输列车

3.3.1 装轨

1. 装车应按照由第一层向第四层的顺序逐层进行，每层装轨前，应先将该层所有滚道梁关闭，翻下间隔铁，然后逐根吊装钢轨。

2．每层装轨后，拨动长钢轨对好横向位置，翻起间隔铁，间隔铁与轨端距离不大于15m，间隔铁与间隔铁、间隔铁与锁定梁之间距离不大于50m，并锁定压铁将长轨纵向锁定。

3．装轨作业完成后，关好安全车上的活动门，并插好销挡。长轨列车空载层滚道梁均应处于关闭状态。

4．长轨列车每层限装60kg/m、50kg/m钢轨14根（7对），共装载56根；装载75kg/m钢轨时，装载量不得超过42根，装载方式：第一层装6对，其余三层各装5对。不足满载时应均布装载，严禁偏载。

5. 在锁定车锁定长轨时，锁定螺栓要准确对位，防止运行中螺栓松动和锁定失效。每根长轨必须在同一车体上锁定两处，60kg/m钢轨锁定扭力矩应大于280N•m，75kg/m钢轨锁定扭力矩应大于350N•m，并采取防松措施。

6. 保证长轨轨端与滚道梁的安全伸缩距离，防止运行过程中由于长轨伸缩撞断滚道梁，当轨端位于安全车上时，500m长轨轨端至末端滚道梁距离应不小于2.3m，其他长度的长轨悬伸长度按比例调整。采取适当的防止撞击横梁措施后，长钢轨另一端至末端滚道梁距离可小于2.3m。

7．当装车的长钢轨长度不同时，对悬伸长度小于规定的长轨应采取捆绑等措施，同时不得将短长轨装在最外侧。

8．如遇短轨需要夹板连接运输的，夹板和接头螺栓不得有伤损，两根轨端各拧紧不少于2根普通接头螺栓。

9．装车长轨条应尽量排列整齐，并在每层钢轨顶面横向划一条标记线，以便检查长轨运输过程中的窜动情况。

10．装车时，随车作业人员与装车负责人共同逐层检查，确认长轨的装载及锁定符合要求，并作出相应记录。

3.3.2　运轨

1. 在不危及本列安全的情况下，禁止使用紧急制动，一旦使用了紧急制动，在前方车站随车人员要对长轨车状态和长轨装载状态进行全面检查。

2. 重车运行时，随车作业人员应注意观察运行情况、轨端摆动量和钢轨窜动情况，发现影响行车安全时，立即通知机车乘务员停车（或采取停车措施）。

3. 运行时，长轨上部、长轨与安全档之间严禁人员停留。

4. 长轨列车在中途站停车时，随车作业人员应对长轨装载情况、间隔铁、锁定卡具、标记线及长轨车连接状态进行检查，发现问题及时处理。

5. 作业尾车液压拨轨装置必须处于收回状态，列车所有部件均不得超出机车车辆限界。

6. 在电气化区段运行、停车检查或作业时，严禁把工具、物品置于距接触网2m范围之内，不得攀登列车顶部。

3.3.3　卸轨

1．卸轨作业前，长轨列车随车作业人员应检查发电机、输送机、通风照明等设备工作状态正常。

2．卸车前，应提前将卸轨地段的线路砟肩推平，使枕木头石砟不高于枕木头平面，清除障碍物并对行车设施进行保护。

3．开始卸轨作业时方可放下间隔铁。

4．应在列车停稳后进行长轨解锁作业，途中分卸时，应均衡卸轨；分卸后，应保证不偏载并及时恢复间隔铁。

5. 两线线间距小于5m时，邻线通过列车，两线间严禁站人。
6. 拉轨作业时严禁任何人在长轨端与输轨台之间行走。

7．夜间或隧道内卸轨必须有足够的照明。

8．长大坡道、小半径曲线地段卸轨时，应制定相应措施，防止解锁后长轨纵向移动。

9．需要地面拉轨时，拉轨卡具固定处距离作业尾车尾端后不小于2m。